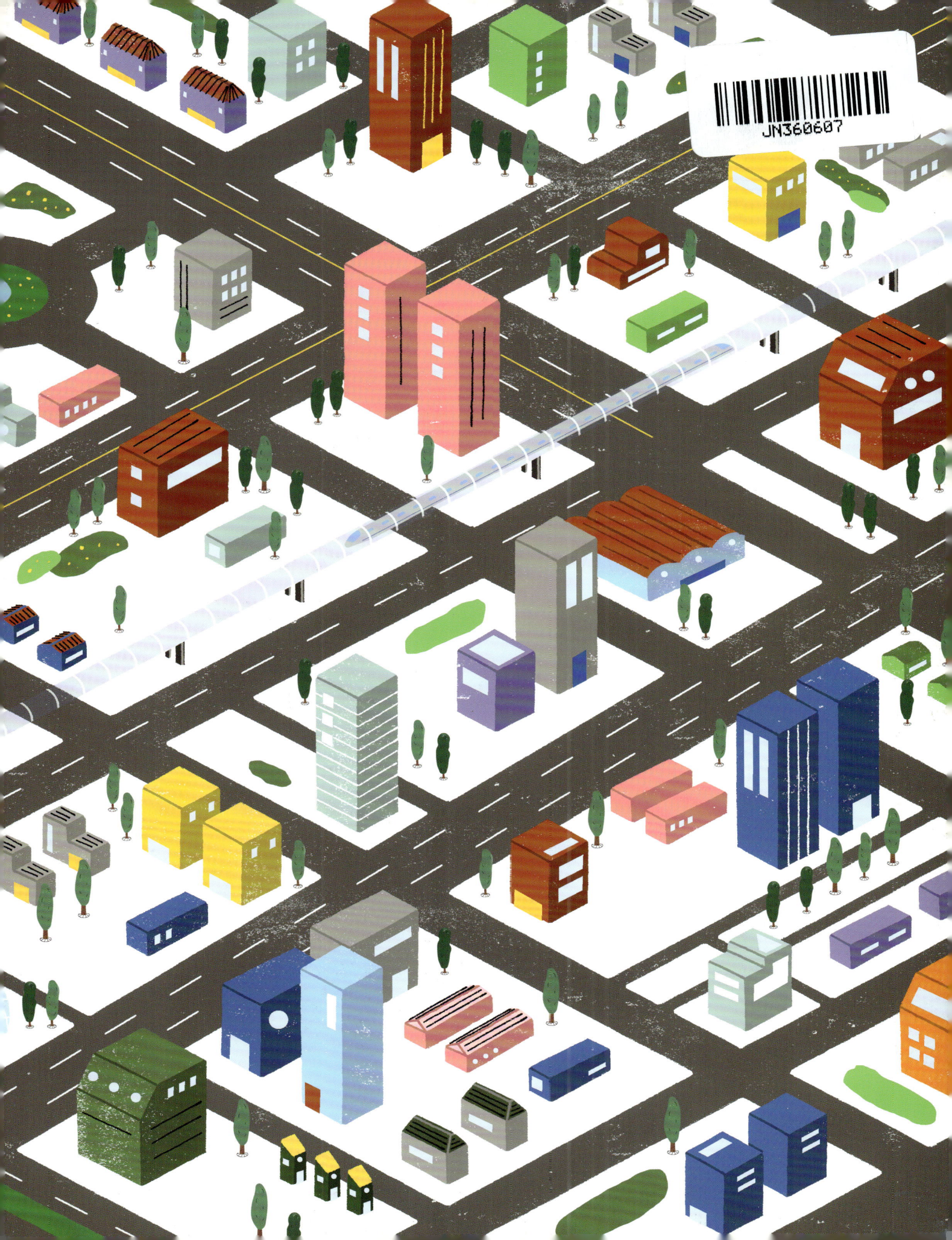

 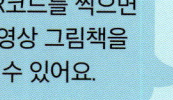 QR코드를 찍으면 동영상 그림책을 볼 수 있어요.

안녕, 난
미래를 달리는
자동차야

 문혜진

아이들에게 선물하는 마음으로 우리 말의 소리와 리듬, 그리고 재미난 몸짓을 살린 동시들을 써 왔습니다.
제26회 김수영 문학상을 수상했으며, 지은 책으로 동시집 『사랑해 사랑해 우리 아가』
『문혜진 시인의 말놀이 의성어 동시집』 『문혜진 시인의 말놀이 의태어 동시집』
『문혜진 시인의 말놀이 음식 동시집』과 시집 『검은 표범 여인』 『혜성의 냄새』 등이 있습니다.
옮긴 책으로 『조금만 기다려 봐』 『아기 토끼 하양이는 궁금해』 『소리 산책』이 있습니다.

 정진호

이야기가 담긴 집을 꿈꾸며 한양대학교에서 건축을 배웠습니다. 종일 병원에서 보낸 어린 시절부터 동화와
이야기를 벗 삼아 자랐습니다. 첫 그림책 『위를 봐요!』로 2015년 볼로냐국제아동도서전 라가치상을, 『벽』으로
2016년 황금도깨비상 우수상과 2018년 볼로냐국제아동도서전 라가치상을 받았습니다. 『흙과 지렁이』로
인천시립박물관 창작 동화 공모전에서 최우수상을, 『부엉이』로 한국 안데르센상 미술 부문 우수상을 받았습니다.
그 밖에 그린 책으로 『그랬구나』 『나르와 눈사람』 『투명 나무』 『여우 씨의 새 집 만들기』 『노란 장화』 등이 있습니다.

1판 1쇄 발행 2018년 3월 21일 | **1판 2쇄 발행** 2019년 2월 28일
글쓴이 문혜진 | **그린이** 정진호 | **기획** 현대자동차 | **펴낸이** 김영곤 | **펴낸곳** (주)북이십일 을파소
키즈1팀장 강지하 | **키즈1팀** 홍희정 우경진 | **키즈융합부문 이사** 이유남 | **키즈사업본부장** 김수경 | **융합사업본부장** 신정숙
아동마케팅 변유경 한아름 김미정 김정은 백윤진 김은솔 | **아동영업** 김창훈 오하나 이경학 | **디자인** 페이퍼민트 정선정
출판등록 2000년 5월 6일 (제406-2003-061호) | **주소** (우: 10881) 경기도 파주시 회동길 201(문발동)
전화 031-955-2100(대표) 031-955-2718(기획편집) | **팩스** 031-955-2177
ISBN 978-89-509-7398-8 77500

· **모델명**: 안녕, 난 미래를 달리는 자동차야
· **제조연월**: 2019. 2. 28   · **제조자명**: (주)북이십일
· **주소 및 전화번호**: 경기도 파주시 회동길 201(문발동) / 031-955-2100
· **제조국명**: 대한민국   · **사용연령**: 5세 이상 어린이 제품

안녕, 난 미래를 달리는 자동차야

문혜진 글 | 정진호 그림 | 현대자동차 기획

을파소

이 차의 이름은 넥쏘예요.
수소와 산소로 전기를 만들어 달리는 수소전기차죠.
척척박사처럼 모르는 게 없고,
스스로 운전해서 어디든 갈 수 있는 똑똑한 자동차예요.

넥쏘는 내 친구 같아요.
매일 수업이 끝나면 나를 데리러 오거든요.
내가 어디를 가는지, 무엇을 원하는지 잘 알아요.
내 표정만 봐도, 목소리만 들어도
엄마, 아빠만큼 내 마음을 알아줘요.
"지노야, 무슨 일이야? 얼굴에 먹구름이 잔뜩 꼈잖아."
"또 들켰네. 미술 시간에 발표를 못했거든."
"왜?"
"너를 그려서 소개하려고 했는데, 잘 몰라서……."

넥쏘는 집으로 가는 길에
수소와 산소가 만나 찌릿찌릿 전기로
자동차가 달리는 원리를 설명해 줬어요.
역시 넥쏘한테 물어보길 잘했어요.

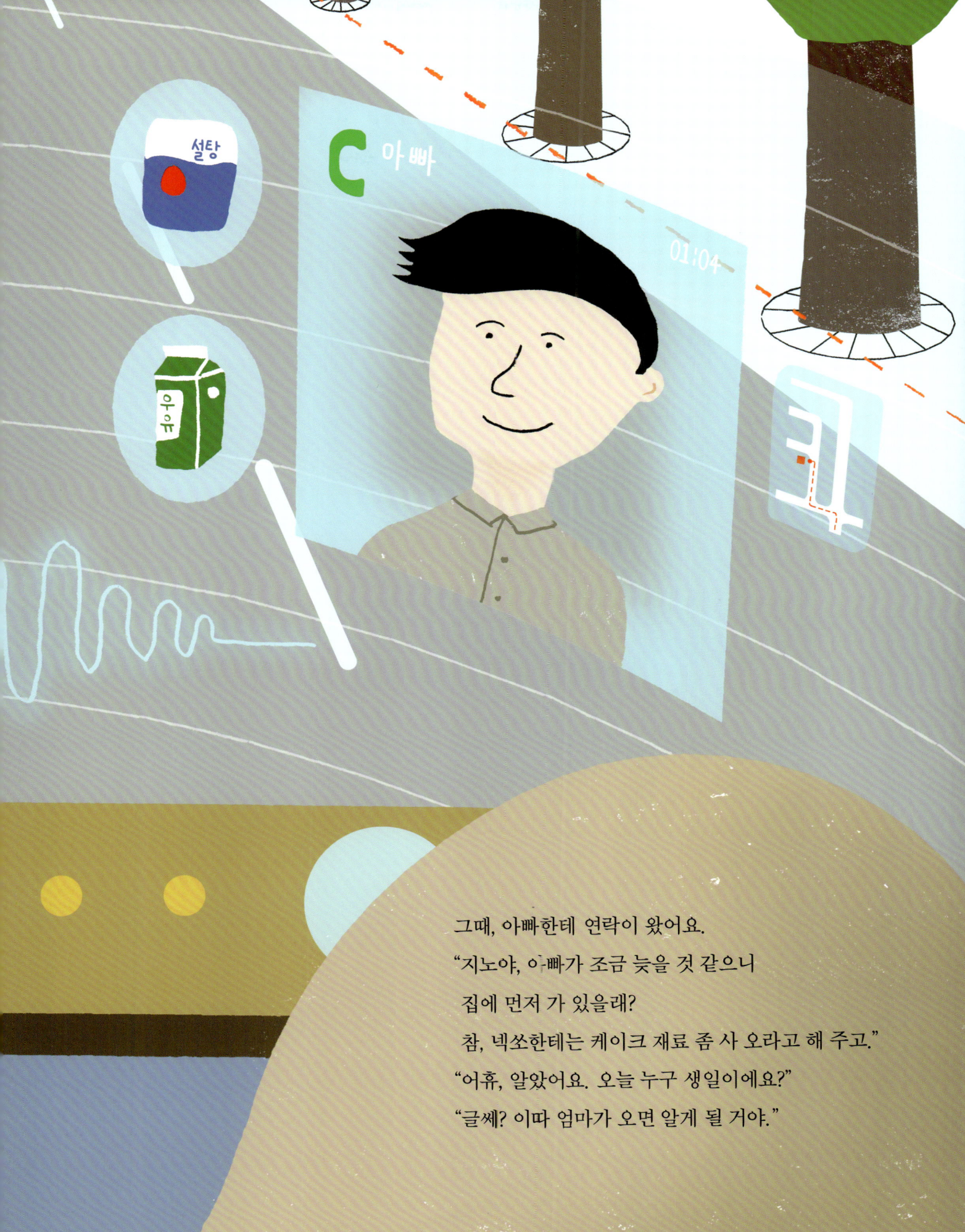

그때, 아빠한테 연락이 왔어요.
"지노야, 아빠가 조금 늦을 것 같으니
집에 먼저 가 있을래?
참, 넥쏘한테는 케이크 재료 좀 사 오라고 해 주고."
"어휴, 알았어요. 오늘 누구 생일이에요?"
"글쎄? 이따 엄마가 오면 알게 될 거야."

넥쏘는 우리 집 지휘자 같아요.
아빠 심부름은 물론이고
집의 불을 밝히고, 신나는 음악도 들려줘요.
똑똑한 넥쏘와 연결된 기계들이 집안일을 하는 동안
넥쏘는 소파로 변신해 아늑한 품도 내어 주죠.
그래서 나는 친구들이랑 더 많이 놀 수 있어요.

넥쏘는 길찾기 대장이에요.
안전하고 빠른 길을 찾아 놀이터까지
데려다 줘요.
다른 차, 신호등과 대화하면서
쌩쌩 다리를 건너고, 신호등을 23번 지나
좌회전을 11번, 우회전을 9번 했어요.

때때로 넥쏘는 움직이는 숲으로 변신해요.
미세먼지를 깨끗한 공기로 바꿔 주지요.
넥쏘가 "모두 집합!" 하고 신호를 보내자
수소전기차 친구들이 큰 입으로
흡흡, 오염된 공기를 마시고
후후, 맑은 공기로 바꿔 주었답니다.

이런, 길가를 보세요!
"넥쏘, 아기 고양이가 아파 보여."
"그래? 내가 도와줄게."
넥쏘가 얼른 동물 구조대에 연락을 했어요.
아기 고양이는 목이 많이 말라서 쓰러진 거래요.
"야옹아, 목말랐지? 내가 물을 줄게!"
넥쏘가 준 물을 마시고 아기 고양이는 기운을 차렸어요.
넥쏘는 진짜 구급대원 같아요.

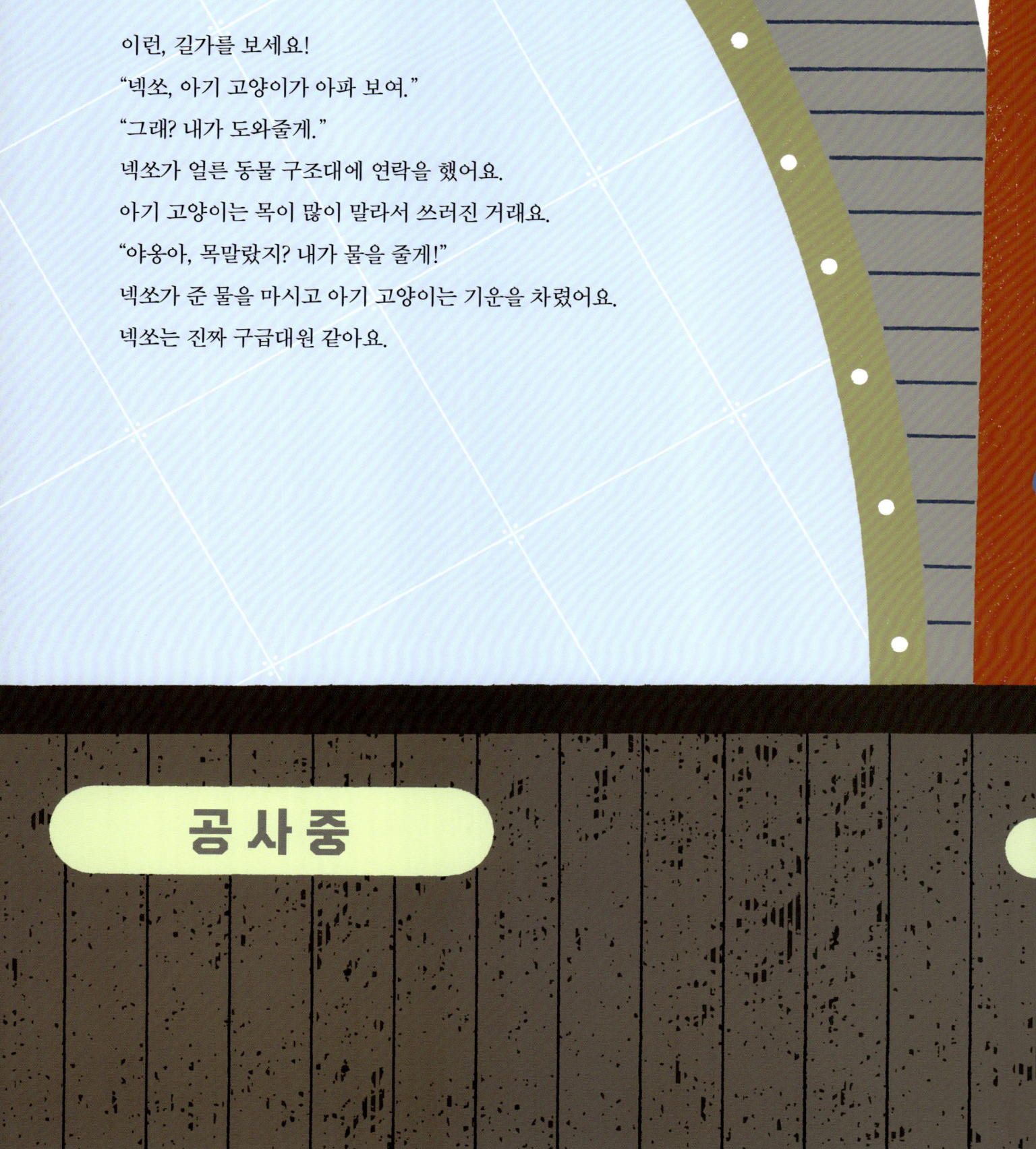

공사중

놀이터 가는 길에 친구 아리와 만났어요.
나는 넥쏘 안에서 아리와 게임하는 걸 좋아해요.
아빠는 일부러 져 주기도 해서 좀 시시하거든요.
"얘들아, 오늘은 북극으로 가 보면 어때?"
우리는 차 안에서 모험을 떠나요.
북극에서 바다코끼리와 북극곰을 피해
씽씽 자동차 레이싱을 즐기죠.
시간 가는 줄 모르고 게임을 하는 사이
금방 놀이터에 도착했어요.

범고래 Orcinus Orca
7-10m
6t+

넥쏘는 커다란 물총이에요.
아무리 놀아도 물이 계속 샘솟거든요.
아리와 나는 신나게 웃고 소리 지르며 놀았어요.
그러다 지치면 넥쏘 안에 들어가 낮잠을 자기도 하고요.
우리가 노는 동안 넥쏘는 스스로 주차하고
쉼터에서 수소를 마시며 배를 채워요.

우르릉 쾅쾅, 번쩍번쩍!
갑자기 먹구름이 몰려와
하늘이 캄캄해졌어요.
후드득후드득 소나기까지 내려요.
하늘도 깜깜, 놀이터도 깜깜
정전이 되었나 봐요.
"넥쏘, 무서워! 도와줘!"
"걱정 마. 내가 해결해 줄게! 발전기로 변신!"

전기공장 넥쏘와 함께
자동차들이 영차영차 힘을 모으자
하나둘 꺼진 불이 켜지기 시작했어요.
놀이 기구들이 다시 움직이고,
자동차들이 띄운 드론 덕분에 하늘도 더 밝아졌어요.

눈꺼풀이 슬슬 내려와요.
이제 집에 돌아갈 시간이에요.
밤이 되면 넥쏘는 엄마 품이 돼요.
내가 말하기도 전에 의자를 뒤로 젖혀 주고,
조명을 꺼 주고, 유리창을 어둡게 만들어 주죠.
내가 잠잘 때 듣는 노래도 틀어 주고요.
어느새 차 안은 안락한 침실이 되었어요.
"도착하면 깨울게. 푹 자!"
"고마워, 넥쏘."

"지노야, 일어나. 엄마 왔어!"
"어? 넥쏘는 어디 갔지?"
"꿈꿨나 보구나? 또 자동차 그리다 잠들었네."
"엄마……."
"우리 지노, 잘 자고 일어나서 기분이 왜 그래?"
"꿈에서 본 넥쏘가 없어서 속상해요."
"엄마가 깜짝 놀랄 선물을 가져왔으니
 나가 볼까?"

밖에는 내가 꿈에서 본 자동차와 꼭 닮은 멋진 자동차가 서 있었어요.
나는 깜짝 놀라 입을 다물 수 없었죠.
"엄마가 개발한 자동차 넥쏘야.
 넥쏘는 수소랑 산소를 이용해 전기를 만들어 달린단다."
"와, 진짜 넥쏘가 나타났다!
 엄마, 꿈에서 넥쏘가 얼마나 대단했는지 알아요?
 스스로 운전해서 나를 데리러 오고, 공부도 도와주고,
 차 안에서 친구랑 신나게 게임도 했다고요."
"그래? 엄마가 열심히 연구하고 있으니
 지노가 꿈에서 만난 넥쏘와도 곧 만나게 될 거야."
"정말요?"

1. 달릴 때 까만 연기 대신 맑은 물이 나온다.
2. 5분만 충전하면 서울에서 부산까지 가도 힘이 남는다.
3. 똑똑해서 운전도 도와준다.

나는 엄마의 이야기를 듣고, 자동차 그림을 완성했어요.
"엄마가 만든 넥쏘는 어떤 차예요?"
"넥쏘는 맑은 하늘을 지켜 주고,
 깨끗한 물을 내보내는 최고의 친환경차란다."

"우리 축하 파티 해야지.
 넥쏘의 생일을 기념해서 내가 특별 케이크를 만들었다고!"
"와! 좋아요. 아빠 최고!"
사실 나는 엄마보다 아빠 요리를 더 좋아해요.
쉿, 엄마한테는 비밀이에요.

"우리 드라이브할까?"
"좋아요! 넥쏘, 출발!"
우리는 넥쏘를 타고 신나게 밤길을 달렸어요.
별빛은 우리 머리 위에서 반짝였죠.
미래를 달리는 자동차, 넥쏘를 처음 만난
특별하고 아름다운 어느 날의 이야기예요.

2030년, 우리가 살게 될 미래의 모습은 어떨까?

과학 기술은 하루가 다르게 발전하고 있습니다. 스스로 움직이는 청소기, 질문에 대답하는 스피커 등 상상하던 많은 것들이 이루어졌지요. 그렇다면 다가올 미래는 어떻게 변해 갈까요?

미래를 만들어 나가는 넥쏘

오늘날 자동차는 얼마나 똑똑할까요? 현대자동차에서 만든 수소전기차 '넥쏘'를 통해 자동차가 발전한 모습을 소개합니다.

- 넥쏘는 충전된 수소와 공기 중의 산소를 결합하여 만든 전기로 모터를 움직여 달립니다.
- 친환경 에너지인 수소를 연료로 사용하기 때문에 배기가스 대신 깨끗한 물이 나옵니다.
- 5분 충전하면 600km 이상 달릴 수 있습니다.
- 고성능 공기필터가 달려 있어 연 1.5만km를 운행하면 성인 두 명이 마시는 공기를 깨끗하게 만들 수 있습니다.
- 리모콘 버튼을 한 번만 누르면 스스로 주차하는 원격 자동 주차 시스템이 있습니다.
- 넥쏘 10만 대가 모이면 발전소 하나와 동등한 수준의 전력(1,000MW)을 생산할 수 있습니다.

 미래의 자동차는 어떤 모습일까?

앞으로 자동차는 얼마나 더 똑똑해질까요? 현대자동차의 Project IONIQ Lab에서 연구하고 그려 나가는 자동차의 미래를 알아봅시다.

탑승자의 상태를 파악해 차량 내 조명, 시트 진동, 향기 등을 조절합니다. 피곤할 때는 휴식을 취하도록 마사지 기능을 작동하거나, 스트레스를 받았다면 음악을 틀어 주는 등 최적의 실내 환경을 만들어 줍니다.

자동차 스스로 운전하기 때문에 달리면서도 VR(가상현실, virtual reality), AR(증강현실, augmented reality), MR(혼합현실, mixed reality) 기술을 활용한 다양한 놀이를 즐길 수 있습니다.

 ## 똑똑한 미래 도시, 스마트 시티

스마트 시티는 도시의 요소들이 서로 연결되어 언제 어디서나 정보를 공유하는 미래형 도시를 말합니다. 정보 통신 기술(ICT, information & communication technology)을 이용해 집, 도로, 자동차 등이 정보를 공유하고 제어합니다. 스마트 시티의 목표는 교통 문제, 환경 문제, 주거 문제 등을 해결하고 사람들이 편리하고 쾌적한 삶을 누릴 수 있도록 똑똑한 도시를 만드는 것입니다.

- **재해와 재난 예측·대응**: 도시에 위급한 상황이 발생했을 때 실시간으로 정보를 전달하고, 긴급 대응을 돕습니다.
- **스마트 파킹**: 주차 공간에 차량 감지 센서가 있어 주차장의 상황을 파악하고 안내해 줍니다.
- **스마트 방범 모니터링**: CCTV를 모니터링하여 실시간으로 위험 상황을 파악하고, 관제 센터에 알립니다.
- **교통 상황 맞춤형 신호 제어**: 도로 상황을 살펴 빠른 길을 안내하고, 교통 신호를 제어하여 교통 체증을 줄입니다.
- **스마트 쓰레기 처리**: 태양광 등의 친환경 에너지를 이용해 쓰레기를 압축하고, 감지 센서가 쓰레기의 양을 파악해 관리합니다.

미래의 스마트 시티에서 어떤 자동차를 타고 싶나요?
내가 원하는 자동차를 그려 보세요.